I0835020

HAVANA LUX

JORGE BETANCOURT BATISTA

Obra de portada: "The never ending story", © Carmelo González Gutiérrez
Edición: Aries Morales Parrado | Manuel Iglesias
Diseño: Brightstars Media Art

© Brightstars Publishing & Media, Miami, FL, 2026
Colección Voces Poéticas
www.brightstarsmedia.com

ISBN (Paperback): 978-1-968878-07-8
Library of Congress Control Number: 2026934341

Primera edición en español: marzo 2026
Impreso en los Estados Unidos de América

ÍNDICE

HAVANA LUX

JORGE BETANCOURT BATISTA

LIBRO PRIMERO DE LO PAGANO

ILUSTRACIÓN DEL ESPANTO

No ha de ser el día; ni si después,
sabemos designar lo inadvertido;
sin embargo, se oxidan en la arena
tus huellas y las mías,
como sombras inexplicables.
Y aun viviendo en toda desnudez,
podemos encontrar consuelo
en el jolgorio triste,
y desde ese espejo oscuro
han de surgir fragmentos, en forma
de carne macerada.
Descansa en el trigo; duerme lejos,
que las supremas lluvias
han de mojar tus ojos esta noche,
con los restos de mi cuerpo
en lo más hondo del ilustre espanto.

CIUDAD

Amanece en la Bahía
y respiran los manglares.
Esta Habana de salmuera,
en bostezo y artificio:
inmóvil, diferente;
sospechosa, súbita,
nombre prometido
en el insaciable
cañonazo de las nueve.

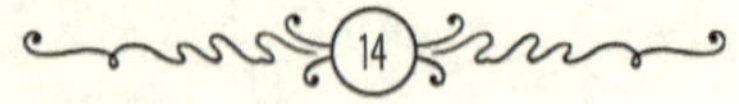

VAGABUNDO DE LAS HIEDRAS

Voy al innombrable espanto de la desnudez,
al hedor nocturno de los vertederos aciagos;
aprendo a quitarme todo vestigio que es mi nombre
y doy, a cambio, la cobija extraña de los silencios.
He de ponerme viejo como las casas,
habitar otros destierros, cantos, nubes;
sembrar vetustos campos de maíz,
significantes sortilegios en una sola mueca.
Quién sabe si seré admitido en el estiércol
de otras ciudades como esta: sin luz,
cubierta por el canto banal de los discursos.
Intruso voy al lamento de lo siniestro:
en mi lugar son el imperio y la hojarasca
quienes, desde el filo inconmovible,
descalzan al vagabundo de mis hiedras.

ÚLTIMOS SILENCIOS

Esa raíz sórdida
del árbol ígneo,
con sus frutos colgantes
en una mueca absorta,
con dominio de pájaros
en invierno, y despojo de la pesadumbre,
se parece a otros rápidos semblantes
que algunas tardes eligen los piélagos barruntos.
Yace en las tierras desamparadas
un solo fruto prometido: éxtasis del viento,
cuando mueve las absurdas penitencias.
Ya ni la voz del ángel que canta
en la confusión de los martirios
arranca los júbilos errores:
golondrinas del alba, cántaros vacíos,
lunas de agosto —estériles—, cuando
se odian los oasis
de los últimos latidos del silencio.

DESCONCIERTO

En el simple desdén de la noche
hay una mujer que deshoja
con capricho su tenaz incendio.
En el perfume de las palabras
un hombre se desangra por los senos
que esa mujer destierra con implacable
ansiedad entre el coágulo del alma.
En su fragilidad es artificio quedarse
en la sombría desilusión de la parábola.
En el polvo angustioso del pasado
otra sorpresa le depara al hombre
ante el pesebre y la estocada
inaccesible: rasgadura en el adiós,
donde el verdugo, en su último desconcierto,
apaga las hojas de la luz
sobre sus senos.

TRAMOYA

Por intocable, he sido convocado al duelo
en el borde inseparable que niega todo lo vulgar:
el árbol donde cuelga, en abandono,
otro intento para despojarme
de una ilusión crucificada,
en el abrazo futuro de las condolencias.
Habito los despojos inútiles del miedo,
la anuencia del pan frente al espejo,
un parecido con otros mutilados:
imponente beatitud, bautizo gremial,
vitalidad del esfumato y la tramoya.

FRAGILIDAD

Era aquel inmemorial obstinado
cargando sombras a la espalda, a veces lúcido,
rencoroso de los crepúsculos,
en dualidad con el insolente azar.
Viví con el atrevimiento de la manada,
habitando en el hambre de los espejismos,
volviendo al encierro de las puertas,
siendo menos adorable
en el castigo dulce
de los hastíos y el agua muda.
Con el secreto en otra parte,
donde casi nunca fue el cántaro a la fuente,
desperté como frágil mariposa,
roto hasta siempre, en el pudor de los absurdos.

TUÉTANO

I

Huesos de la cripta, triste legado,
levanta esa piedra y rompe con ella
el cristal con el que las estrellas se miran,
entre los cauces inútiles donde nada duele.

II

De una vez, tuyo es el centro de la diana,
porque más allá ni siquiera se han podido
dibujar los círculos vacíos, ni los postreros desiertos,
ni las ágiles flechas, para llegar al pacto del sosiego.

III

El temblor de las cejas me enturbia los ojos;
yo continúo —becerro de las piedras— en el grito.
Tuétano de mis huesos y mis pérdidas eternas:
nunca he coloreado de ilusiones el recuerdo azul
del verso.

SESGO

Ella atraviesa el tiempo
como atraviesa el polvo los espacios.

Gastón Baquero

Ayer, el azul encimado al humo; y hoy,
el rosa pálido ardiendo como espectáculo rebelde
en las cortinas derramadas,
horóscopos del tedio.
Nadie desea saber dónde los terciopelos del pavor,
ni cuándo las lunas complementarias de la isla
sustituyen o transforman los pródigos remiendos:
No puedo definir los nombres invocados y gemidos
del dorso; probablemente no queden más que ruinas,
posibles nombramientos en la boca sabia, omnipotente,
sobre el nudo de la madera.
No tengo la bondad de Nostradamus para predecir
el alma, ni idolatrar a todas las ninfas
y los astros configurados en el incienso confidente
de arcángeles difuntos, travestidos
por las aguas impuras y sangrantes de la aurora.

GUIJARROS

He puesto las manos sobre la arcilla
tan fresca y sin rostro terminado:
fantasma de cómplice deleite,
timidez ansiosa; impasible la mano derecha,
acostumbrada a matar la mística sorpresa.
Otros buriles crueles cortan el párpado y el sosiego,
efímeros compases donde el atroz bregar
es solo un soplo de insultos cotidianos;
donde los dedos, en suspenso inevitable,
desgarran las diminutas formas
de aparecidos guijarros en la tierra envenenada.

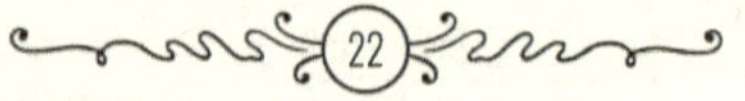

CIERTAS VERDADES

Allá, después del muro, es real la espuma.
Ahogarse en ciertas verdades es placentero.
Quiero apagar mis ojos con inercia furibunda.
Quiero ser parte en ese asunto poseído
y callar lo dicho.
Quiero romper la voz intrusa en mi boca demente;
después, junto a la luz, desconocer la siega florecida.
Quiero ser el fondo del abismo,
el celaje hastío concedido,
carenar en las curvas de los cuerpos
abusados por la muerte,
ser el menos aplaudido, el menos pobre de las bestias,
cabalgar desnudo en todas las entregas y los espantos,
y terminar con sardónicas conminaciones,
excavando en humedales virtudes
despiertas en la viscosidad de los azufres.

REVÉS

Protegido del canto disfrazado por murmullos
cuando mi nombre es ofensa: silencio de pared.
Me matan los sueños con alfileres irremisibles
y, a la deidad del sueño oliendo a mar, doy el silencio.
Los campos parpadean su aplomo al surco,
donde se siembran acres de ramas y de espigas,
semillas abigarradas, por la inclemencia de los tiempos,
a la saliva pegajosa: mis ídolos sagrados.
Me duelen los soplos embargados por la lluvia
en las cúpulas donde la tierra es una estampa,
en la raíz del ojo y el artificio,
donde pueden mirar cómo caen, al fin,
a los sembrados, la melancolía absurda
del crepúsculo al revés.

DESOLACIÓN

Entre el abrazo rencoroso de tu sexo húmedo
—salpicaduras de aguas hirientes y dominios—,
cortan y ultrajan el retraso en cada vuelo
de los mustios olores de la noche.
Las garzas invaden dichosas el brillo de tus ojos,
donde se perfuman ciertas alegrías turbias;
pero no por eso han de venir otras
a ocuparse si todavía nosotros
nos compenetramos con arrogancia.
Desde el vaho insomne que es lluvia en toda magia,
eres la misma condenada de mis sueños densos.
Espigas perfumadas se deshacen, con desmedro,
en una luminosa estación de auroras que pasan.
Para tener espacio donde sembrarte desnuda,
iba a morir como se muere en el cauce del silencio:
tu voz, que a veces llega de la ausencia,
en un vértigo de luz y complacencia.
Somos entonces aquellas raras latitudes
donde el celeste laberinto nos atrapó desnudos,
nos hizo merecer la eternidad del estupor
en una noche de epitafios y nenúfares de fuego.
Hasta después del horizonte siniestro
estamos condenados a vagar en los relojes:
tú más feliz que yo, porque te gusta el espejismo,

mientras que a mí me aterran los enigmas,
en la inmovilidad donde quedamos ebrios,
intactos, si se quiere simular un pacto eterno;
esa naturaleza de las inmemoriales alabanzas,
ceder a las telarañas nuestros ovillados cuerpos.
Y aunque ya no quede ni la parte ambigua,
estaremos en el velamen de un deseo eterno,
confiscados a los últimos sonámbulos excesos;
dígase: orífice del gesto pueril, imaginado y pervertido.
Y aunque mi suprema embriaguez de cada día
no te regrese a las sonoridades de este mundo,
cada hora que marque, indetenible, hará la audacia
de mis manos, modelando la certeza.

GOCE Y DESDÉN

Simular que escucho
en sus lamentaciones
a otros pájaros temibles
e insomnes primaveras:
aves sonámbulas muriendo,
dominadas y deshechas.
Prometo tensar el arco invisible
en las burlas del verdugo,
que, en mi instinto,
crepita en la música profunda
del fuego fatuo.
Del crepúsculo ambicioso,
los tentáculos sedientos,
dormidos en mi inseguridad
de inútil cazador.
Cráneo áspero de estéril creación,
persisto en la aromática
espina con desdén.
Prometo simular
con intención de siervo,
en sodomía
de la arena perdurable:
ser insolente,
renombrar con certeza

mis huesos mutilados
con incólume Odisea,
persistiendo antes del goce.

ADIÓSES DE HOJARASCAS

En otras bocas estoy sembrado sin palabras,
esperando estrofas de voces peregrinas.
Siempre, a cada hora, con aplomo,
miro de lejos los vacíos del paisaje.
Mis olvidos se funden con apéndices de luz,
entre el ámbar de los floreros mustios;
estruendo de tus manos,
engañadas por el opio rumor de ríos:
caída estrepitosa, melancolía de los silencios.
Éramos tragados por autos viejos de petróleo.
Al borde del muro melancólico, donde los otros,
también, en sus andanzas, se iban en las bocas
celadas por la muerte.
Nunca llegó a mi oído la lluvia de su saliva,
ni mendigos augurios de placer profano.
Morí como las frágiles florestas,
maravillado en los adioses de hojarascas.

OFRECIMIENTO

Aquellos muchachos de noviembre,
con costumbre de probar todo,
iban, otra vez,
quedando hasta expirar
sobre los pastos,
extenuados todavía
por tajadas de rocío,
al espejismo insomne
de recuerdos vetustos
y tercas destemplanzas.
Devorando, en enervante anhelo,
al hipotético fragmento inconmovible,
quedaron pueriles, igual a la materia:
fueron al turbio remolino de las formas
y entregaron, con senectud de cisnes,
los acordes de la carne
en ofrenda virginal al fauno.

DESTIERROS

Del encierro hecho con azufre
fue siempre la espina
en el costal bajo la almohada.
Algunas lunas después
nos dimos cuenta del despecho
que las palabras iban trazando
en dibujos más oscuros
y armónicos responsos.
De todas y de mí,
que no doy tregua
al éxtasis del goce,
intenté esmerilar
el exilio de tu cuerpo
con nombres grises
en la patria de tus ojos,
convidados a mentir,
diciendo las piedades.
De todas aquellas criaturas
condenadas por la furia,
a ti he vuelto por costumbre,
mientras afuera del silencio
se van ahogando las únicas
esclavitudes de la carne.
Si enmudecen en mis cicatrices

desgarradas
otras señales —que terminan viviendo
en el abismo del destierro—
puedo fingirme muerto.

INSTANTE

Vuelo hacia el vencido cántaro
con mis alas oscilantes;
vuelo al pacto, en sedición inexorable,
con artificio aplomo.
Hambriento y cincelado en cada tramo,
en cada poro,
hacia extrañas letanías,
posiblemente confundido
con la humildad tristísima del viento,
o desgarrado por la ola de inquieta oscuridad.
Pregunto al cruzar los lirios: ¿suya es la puerta?
No maldigo lo que toco con quietud,
estoy condenado al vértigo;
pero sin obviar que el cuerpo está vacío
en el resorte confidente,
en la ilusión melancólica del pozo.
¿Dónde cae la noche
y las apneas de los tiempos?
¿Es flecha la luz sobre el espejo,
inmoral para mentir de prisa?
He renacido en la arrogancia,
como ciego transeúnte en la piel de humo,
con mis brazos prohibidos
en cicatrices de muertos penitentes.

INERTES Y EFÍMERAS

Cae la lluvia sobre estas tierras muertas
de otoños y mantos sediciosos:
raíces del pasado,
enredo del tiempo y su misterio.
En piedras, fragmentados los deshechos
de antiguas muertes,
purifican el frío impulso de efímeras esporas.
Vuelo de cándidas gaviotas,
rumiantes de la noche y la memoria.
Aliento irresistible:
sueño entre el traumante canto,
eternidad de los otoños.
Aguaceros de raíces y silencio,
donde la vida se encuentra con lo inerte.

EL JUEGO INCONSCIENTE DE LA INOCENCIA

Cuando niños, jugábamos a tocarnos el cuerpo
en inocente cántico suave y fugaz:
ángeles curiosos del saber,
atrapados en las sombras
de los juicios espectrales
y preguntas inesperadas
sobre la geometría de la felicidad.
Éramos simples cocuyos,
libres en el extraviado chasquido
de la lluvia al caer sobre el techo de tejas.
Las manos descubrían, entre risas y juegos,
los secretos del tacto, el temor a pecar,
el miedo, las reglas de los adultos ignorantes:
para bien o mal, contra el instante natural de la pureza.
Las manos imbatibles, palpando la inocencia,
no eran culpas ni dudosos instintos:
solo éramos cuerpos explorando sin censura,
viajeros detenidos entre malicias,
con ansiedad de cúpula habitada,
erectos latidos indecorosos.
Hoy miramos el ayer con ojos de mendigos,
recordando aquella inocencia púber,
cuando, en gozo súbito de acólito juego,
pecamos por curiosos, ante la ceguera del deseo.

No sabíamos que existió un Dylan Thomas,
un Tennessee, un Oscar Wilde.

EL ÚLTIMO VERDUGO

Veo la ciudad de piedras húmedas
ante el juicio de Dios y locas profecías,
inmovilizando a las criaturas errantes,
juzgadas a la suerte, con demencia
de buitres, alebrestados por callar
el tormento del grito en las galeras.
El viento susurra los únicos secretos:
ecos de disparos sin memoria en la Cabaña,
espaldas contra el muro, sobras de piel,
comida por los búhos que esperan
el fogonazo en la madrugada,
como hambrientos testigos de la historia.
Las luces se apagan
en el aullido de entrañas desgarradas;
la luna, espesa desde sus espectrales grises,
vela el silencio denso y profético
de la ciudad, con risa sardónica de verdugo.
Todo parece la negación ceremoniosa:
rostros casi niños, desfigurados por la inclemencia.
Nada se mueve, todo es infinito.
El juicio del destino en San Cristóbal viene:
la noche en que le cortan las manos
al ejecutor y a sus serviles fusileros.
Con dudas y miedo,

bajo el misterio que el infortunio quiere,
disparan la última flecha al mago de la muerte
—pero el mago no dice más que sus recuerdos—.
Con el estupor de los cobardes, caen de rodillas;
como dijo a los peregrinos,
no le golpean con el bochorno
que, a su paso por los tiempos de los héroes,
deja el último nostálgico afilador de la guadaña.

ESTRÉPITOS

He cultivado flores de mármol,
silencios quebrados en garfios de azahar,
pieles escarlatas con ego cimbrado
por ásperas porcelanas corpóreas;
risas y claves estoicas,
rituales, ofrendas de muerte,
callados frutos en tierra de amapolas
y pétalos de eternas coincidencias.
He cultivado los estrépitos del mármol
que se quiebra con el ruido y la prisa,
desdeñada en la oscuridad.

FALLOS

En la sombra densa de días sin calma,
las trampas nupciales en las horas
castigan, con rumores celestes,
rostros y ecos interminables.
Fugaces ojos abatidos de inmundicia:
fallos del iris, colgado como venus temblorosa,
del diáfano y sensible arpegio.
Frágiles espectadoras en irreales pasadizos,
se manifiesta el perdón: horror lacustre,
escena breve, premonición incierta,
sensible rotura de lo irreparable.

UN GRANO DE ARENA

En el desierto de mi boca,
el milagro de la lluvia susurra dunas
y vientos enrevesados,
oasis e inciertos espejismos,
caravanas yertas de camellos.
En el brocado de luz reposado y sereno,
habito un bosque omitido por dátiles,
en mi lengua llena de advertencias.
En el desierto de esta garganta, rincón callado
de la nostalgia, abrazo las sombras de mis actos;
y aunque el cigarro arrastre la saliva,
el alma concede los desacuerdos del amparo.
Ante testigos populosos que deliran sin memoria,
sigo siendo el mismo grano de arena recobrado.

ASTRAL

Cruza el pez al resumidero;
en líquidas sombras se desliza,
mudo, rozando el cenit de la profundidad
con la herida extensa en pesadilla:
burbuja refractante, escamas,
fragmentos diluidos en dádiva y asfixia,
abatimiento magnánimo, irritado,
al cargar las quebradas orgías
y las eternas liturgias,
revestido en danza petulante.
Pez fugaz, pez en su misterio quimérico:
umbría y sospechosa invocación,
hábitat del fondo,
desamparo que en nada ayuda.
La promiscuidad indeterminada
de su páramo amañado escucha
con oído asimétrico y caduco.

PARA SEDUCIR A PROTEO

Desdeña —próvido en ascendiente fecundidad—
el rojo borde de sus labios, travestidos
en adioses que arden por el suplicio
del fuego fatuo y abriles quebrados,
por la voz que exhala castigos insurgentes.
Se escapan las promesas,
sombras que no vuelven,
y el eco de sus pasos desvanecidos,
como flor negada a renacer en su tiempo
o en su incierta guirnalda de los sueños:
imposible romper lo que teje la memoria,
o lo que no fue advertido, en tenue bordado
al fuego infernal sobre el rostro fosfórico
del efebo invidente.

CRISPADAS ASCENSIONES

A veces, andar sin rumbo,
sediento de otra casa,
es un reflejo lejano de mí.
Encuentro la Babel
de mis naufragios,
morada sombría
donde aparece un puerto
en el espejismo
ilusorio de la sórdida metáfora:
hosco estampado,
vértigo, nenúfar ebrio
sobre el balcón ladeado.
A veces las arpías
confiesan con avidez
el incienso de la hiel,
marcando una tenaz ascensión.
Y aunque el aire pese,
camino dejando detrás
un rastro pálido de mi entrecejo,
de mi insolente aprendizaje
como un tahúr,
donde excretan alabanzas.

ESPANTO Y CORDURA

Alguna vez, antes de ser yo,
fui un pez descomunal,
navegando invisible, diluido
en el sonido extemporal.
Después, alguien me trenzó el rumbo.
Vanamente fui admitido
en el laberinto de la orilla,
como señal perdida
en la rudeza del arrecife.
Devolvieron al mar los sobrantes,
con la espina dorsal como anzuelo;
el náufrago siguió atrapando
peces más pequeños.
Así, en cada forma,
tengo en la aleta dorsal
la transformación del hilo:
mareas y humos de naves
que se incendian
y reinventan con venganza.
Espantado, el náufrago espera.

VULGAR CRIATURA

Culebra que arrastra su vientre
en vaga eternidad sedienta.
Frágil criatura sin destino ni nombre,
tan profunda como el paraíso;
entras al Edén para juzgar los actos
purificadores de Eva y Adán.
Sin vuestras promesas y sus glorias,
has caído en lamentos de la carne
y en la alquimia tensa
pierdes el cálido suspenso de los retazos.
En refugio,
    serpiente,
        hombre,
            deseo,
                retorno al principio,
eres la concluyente danza
donde todo comienza
y se desvanece
en el lance de la flecha:
vulgar criatura inadvertida.

48

LIBRO SEGUNDO DE LO PAGANO

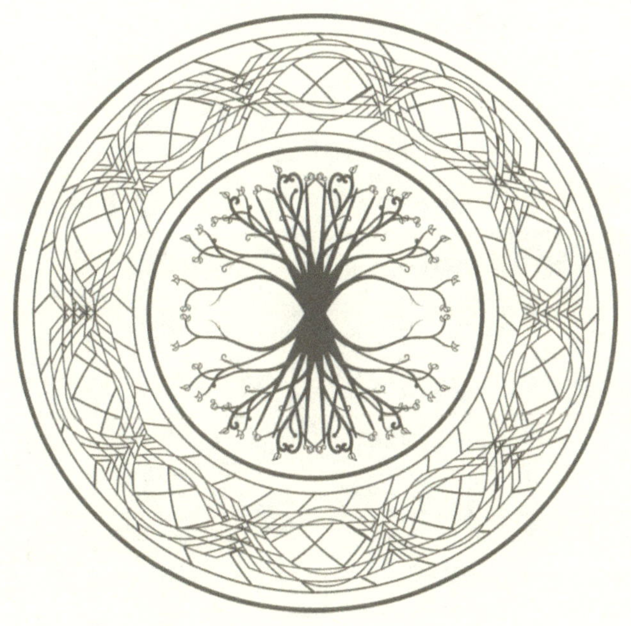

DRAMÁTICA RADIAL

I

En la sombra de crepúsculos olvidados danzan los abrojos de llamas que el viento no logra apagar, en callado sueño suspendido, en reposado paraíso de la almohada: refugio de antiguos anhelos, tiempo de tejer silencios, hechizos y remotos disparos en su cráneo de hierro. Así, en el lento margen, se yergue otro celaje: alma elevada, sin juicio, al custodio testigo del miedo.

II

En el imperio caído se reforma la voz nueva que ajusta las cuentas. No asombra que se asome a ver la multitud en su tiranía: perros degollando los aplausos sobre esta tierra lodosa, donde los ríos regresan a las sierras en amargado sangrar de muertos ajenos. Arden las huellas sobre el barro del odio; no tardan en romperse los vendajes. ¿Dónde queda la nieve de los juicios, aquellos maltrechos héroes, tan humanos como las estatuas? ¿Dónde los imperios vencidos, la calma y el polvo olvidado en sus ruinas de huesos cansados?

III

En el tiempo de las cebollas mis lágrimas caen como un himno en la estrella de la bandera. Vomito en la sobremesa de la memoria; elevo, suave, mis únicos fantasmas, susurrantes de verdades viejas que el mutismo esconde. Cada lágrima es un puente unido al pasado, al hoy prematuro… y en su sal se retuercen los mismos rostros censurados, en el miedo a otro gris quinquenio. Lloran los demás; esconden al hijo apedreado. Desde las aguas flotadoras, donde los sueños —idos al tiempo de las cebollas— se hunden, nace una verdad, y deseos ahogados de las migraciones. Embriagado por el licor de los expurgos, en una voz radial del RCA Víctor, seco mis lágrimas con la franja blanca de esta bandera.

NEÓFITOS

Cuando el río arrastra, en su danza impetuosa, el aullido de la selva con profundo desgarro, los místicos árboles aguardan nuevas sombras derramadas en la piel del sauce. Su corteza lanza viento de buriles al pájaro desnudo; va unida a la corriente en fuga, a la tierra dolorosa, acariciada y fugitiva: los frutos salvados son su última promesa. Posesiva, embiste el renacer que en la pereza es agua, y su raíz enferma.

Es tierra vomitada por la eternidad persistente: despojos arrastrados sobre estúpidas heridas incurables; raíces torcidas en esencia oscura de aquellas venas, en un disfraz de Continente.

Donde corrieron ríos de oro sobre los rostros oficiados de la locura, hay ahora un escándalo de desdén, casi férreo de amargura: la bizarra prohibición de serológicos caos, erguida a la soberbia; redención de los perdones nunca dados, único pacto incestuoso con crueles apropiaciones del camino infiel. Serán propios del bien, por memoriales persistencias, cruzando praderas hacia calladas piedras en pequeñez, guardianas del secreto bajo el hueco incierto del cadáver putrefacto.

De un ave quieta, entregada al tiempo de su paso bruñido, ruge la furia contenida, tallando la memoria en el colérico duelo frío. Cuando se escriba en la osada tierra, otra vez, el salmo angustioso de la herida entrañable, y los rostros

ausentes aguarden en el eco profundo las narcomanías de los neófitos censores, entonces espigará el cogollo de la caña.

¿QUÉ HA DE QUEDAR DESPUÉS?

Para Rainer, y su Habana mística

Estuve allí, en el hueco profundo del abismo, gimiendo sin forma; extraño y errante como un eco perdido en la sombra sin ojos, susurrando, quebrado, en busca del silbido eterno en las profundidades. Nadie vino a despojarme de mis huesos ni a iluminar mi caída, a tender la mano para auxiliarme. Solo el frío de la prisión sombría fue tan desesperante como su alarido.

Lejos está el perro que ruge con desgano. Es mi carne invisible, testigo de un reloj que se desangra, fiel en la agonía muda de mis deidades ajenas; en ese abismo donde todo es un halo asombroso y chispas en el latido visceral de volver al útero de una Habana codificada en la extinción de sus derrumbes.

A veces suelo germinar con la esperanza de un menesteroso en una esquina, y desbocarme hacia los campos de mi infancia; volver sin rumbo, atrás, con el ímpetu salvaje que me ayudó a crecer indomable en un latido quebrado, cerca del célebre hormiguero de miedo y dudas.

Con los aleros caídos y las flores marchitas en los balcones indecentes, soy la semilla rota bajo la tierra: raíz aferrada a lo incierto que es jugar al viento ansioso de

galopar hacia las mohosas carretas de los trigales. Porque a veces germinar es abrir alas; es dejar que el fuego sea ese estruendo en la vastedad de la caída ciega, o se derrumbe inocente en los hedores del mar, roto por el vuelo de una gaviota. Y trémulas las arcadas de la noche en las vírgenes ventanas —puertas cerradas al paso de la luz, claudicada por las voces de los pregoneros—, son un suspiro lento mientras se arrulla en secretos el cuarto: calle desierta donde a veces duermo y me diluyo, por casualidad, en el eco de unas muchachas putas que ríen en silencio. Mastico los rincones donde he dormido siglos, aguardando por un cambio en las parábolas de la zozobra. Fustigo la vigilia; recojo los harapos de la madrugada, esperando se hagan palpables los primeros quejidos desde una ventana abierta en esa ciudad que nadie salva del después.

CONCILIO INEVITABLE

La muerte llega desnuda, sin rumor ni prisa, como último alivio. No es fin absoluto, ni castigo, ni hoguera temida, sino torrente hacia otra concomitancia: la cicatriz purificadora del vértigo.

En su boca de luz repliega el hacha, y en cada alegoría de golpes ciegos quedan las voces del caos, adheridas al espejo persistente en flamígero capullo. Sin miedo ni causa de púrpura soberbia, muerte natural con daño que presume su ascensión a la esclavitud banal de las ofrecidas dádivas.

Comprender su apedreo es hallar, en el rudo estrago, la profunda experiencia, sin infundir agonía.

Hay desmanes en que el ocaso se deshace; se desea que alguien arranque las injurias del recuerdo, aquellos que han magnificado osadas imitaciones, hundidas al agua pervertida del río. Con desvanecimiento y tentáculo boga por despedirse en el refugio donde es caído y desechado; el viento arrastra la arena, devora las formas enterradas, y en la subsistencia oscura —sin almas ni azares— descubre un jeroglífico de recuerdos y un peregrinar en el sabor de las arterias. No le consuela tanto espigar su alma, mientras se deshoja los senos, enmudecida,

obviando el cuerpo bifurcado por los páramos, donde fue éxtasis y mandrágora.

Agotada del teatro que es sumirse al texto profano, se deja tatuar en el rostro que fue antigua catacumba el ojo de Tebas. Las manos se aferran a canicas de cristal: tesoros de la infancia que no puede concederse, como hacía con los bueyes de palo. Vuelve a ser una criatura rara en el vuelo del tomeguín. En los juegos sin término ni razón es risa repetitiva, sollozo en la siega de los desgastados terrenos y las guardarrayas: lienzo imprimado de luz sobre las máscaras sin reflejo, traumada ausencia del laurel en el patio, amputado y breve; donde se pierde aquella niña y renace en las pupilas un anciano quedo, ungido de heridas áureas, en concilio, ignorando al hueco como fuente de reposo inevitable.

INDIFERENCIA

Despedrar todo lo rabínico del aire y esconder el fluyente deseo en sibilas voces y amarantos del ocaso: tinta que, aprendida con la crónica del fuego, es nueva piedra murmurante, estatua inmemorial, antiguo augurio distorsionado del que ayer fuera un hombre aplaudido y condecorado.

Golpea el impropio oblongo del abismo; se alza detrás como si expiara los retocados signos negados: cuerdas despreciables de la vihuela, obligando el pago por el daño; la usura triste que corroe los prefijos, el abrazo del asiento, donde sostiene el doblaje de su canto y luz, con ebriedad en la danza del pajarillo grajo. Días sin leyes, mostrados de prisa, como en el brillo que teje inaprensivo: psicosis de esperanza.

Venciendo las caras, no le interesa nada más que el lenguaje corpóreo del último de los mendigos en esa esquina desolada; caminando tan común, bajo los cielos de techos y alforjas de abrigos raídos, donde arrastra retentivo la locura del alma vesánica.

No busca la fortuna ni el refugio en portales; prefiere la tenue algarabía de los callejones apagados: funeral del silencio suicida, con las manos húmedas del suelo.

Tener siempre los dedos sosteniendo las cónicas miradas, pasando frente al rostro incompetente de la noche, si ya no están ni son testigo de las tristezas ni de la audacia del último mendigo: qué importa ser corregido por el géminis, si no le hace menos la soledad bañada por la genética pectosa de una costumbre bebida como salmo —a él—, siendo un objeto de áspera ambigüedad.

Nada le interesa más que ser el otro, en esa quietud tan cruda, sobre escombros y destrozadas permanencias. Sin ayuda o miedo, es tierra donde la saliva se extingue renegada. Grandes apéndices quiebran las formas sutiles, disuelven de fulgor la tiranía del desapego y no conceden un espacio viciado de rincones.

Las venas del fuego inducen, titilan frágiles al paso, al villorrio que al mundo no interesa. Se revuelca en los bordes ocres de las penumbras; conversa con el caer brusco, renegrido y abofeteado por prejuicios y macabra indiferencia.

SANGRE INCESTUOSA

Desearía poder mirar sin recordar cómo eras en tu infancia, valiente y audaz: con tu sexo depilado frente al espejo, desvaneciéndote en el reflejo de mis ojos, tan delicado en la tenue neblina de la luz cenital, iluminando las curvas de tus glúteos, en una lucha activa o tras las huellas de agua en el suelo del baño hacia la recámara, observando asombrado el ocaso de tus senos aún sensibles y puntiagudos que me ofrecías en la madrugada, mientras el viento afuera envolvía la calle Peña Pobre.

Arriba, en el Penthouse, estábamos nosotros..., tú me enseñabas a perder la vergüenza de mis quince años. Así como rompíamos los límites sagrados con nuestras lenguas, otros rompieron nuestros cuerpos enredados, dejando detrás pequeñas escaramuzas, flechas vivas y afiladas en la silenciosa inmensidad de los silbidos.

Desde la oscuridad, vestidos con un manto de hipócrita aceptación, sutilmente nos condenaron. Eras tan tierna y melancólica, con miedo a verme crecer y huir del indecoro por pecar, donde la alegría no se trataba de sexo o ruido, sino de atropellar las dudas, bailar en calma invisible hacia las ceremonias secretas de la sangre.

Un abrazo demoníaco nos empujó hacia las luces, al brillo uniforme, donde el corazón no podía liberarse,

mientras el cielo rasga toda su profundidad de hechizo y más de una vez nos hizo arrastrar por dunas de oasis aparentes.

No gritamos en la noche. Tampoco, deslizando la etérea complicidad del fuego, alcanzamos una promesa hecha por los inquisidores. Los demás guardaron silencio en el negro infinito de las habitaciones. La oscuridad era una fiesta silenciosa, un momento ceremonial interno donde todo lo que la serpiente buscaba en ti me hacía sentir que, con la suciedad, nuestro cuerpo perdía su brillo y se unía ardiente a la neblina sigilosa de los cazadores.

Una manada de lobos con túnicas y báculos, con la fría certeza de que hasta la espuma en la orilla de mi lengua sutil entre tus muslos, buscaba el secreto de hojas y piedras, capaces de enterrar tantos deseos y tanto asco, nos perseguía.

¿Qué guardaba el tiempo del miedo si sabiendo del olvido en nuestra búsqueda terrenal, con prisa y resentimiento, solo activamos el lento resorte de un antes con la sombra del cristal ahogado por los rozamientos de una mujer adulta, adúltera y tía mía, sembrada en mí, en un juego incestuoso?

Tu verdad latía cada año en que seguimos en el éxtasis de los orgasmos, con todo lo que vino después, cuando la casa terminó habitada por el vaho insomne de nuestro

empeño hipostático, haciendo parecer prudente la indulgencia de Dios, o las jugadas del demonio.

LOS NÁUFRAGOS

Ellos cruzan el mar como sombras tenues: peces en descomposición entre las horas, semejantes al polvo que se posa en los ojos de la calma. Su remo es lento, casi imperceptible; rompe el mar sin emitir sonido. En esa quietud que todo abarca y oculta como un eco cómplice, se entrega al suicidio: un horizonte pierde su luz, se vuelve capa de odio, ocaso nublado a la vista.

Aparece la frontera de una libertad prohibida, que atraviesan, y observo la rapidez con que la catástrofe embota los cuerpos en los límites del arrecife. Es momento de dejar de lado las naves prohibidas y que, en el silencio, partan perpetuadas al incierto instante de más cadáveres a la deriva.

¿Qué hicimos para merecer tanto desastre? ¿Fue la esfinge que susurró borrando en la neblina, o una condena de readmisión, perdida en la vaguada del tiempo, dejando un eco sordo de crecimientos, como esquila para farsantes sustratos?

Quizás toqué de lejos sin intención, o crucé mares que no debería haber cruzado, y en ese otro vacío que es crecer instalado en el dolor intenso, logro sacarme el veneno de los hechizos y remar hacia futuros inciertos.

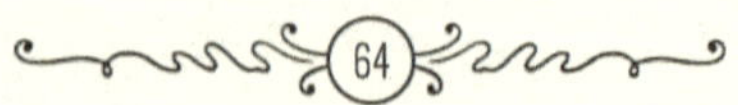

¿Qué hice para merecer este silencioso mutismo, donde el presente se vuelve torpe y cada boca, como río seco, desaparece en un oscuro agujero provincial?

Tal vez ser ermitaño no sea un castigo, sino un espacio destinado a que nazcan los hongos venenosos: momentos meridianos para silenciar miradas hacia el interior, cuando del mar —a veces quieto— puede quebrarse el alma por su propio encuentro.

¿Quién soy para enseñar a escribir los sueños? Solo sobra un pedacito de pan en la noche. La voz desgastada por las marcas en sagradas escrituras sostiene la fe en un espejo dibujado con lápiz labial, como una sombra de despedida, con tinta de tecali.

Los sueños no se enseñan: se sienten, se expulsan, repugnan en las entrañas, y un pez vuela entre las estrellas; y las caracolas, atrapadas por la resaca, quizás solo puedan ofrecerme la palabra para decir: "engañosos son los puentes que invitan a cruzar sin advertencia de los vientos, para que los pasos vayan firmes donde canta el sinsonte, y en cada puerto encontremos a más de un náufrago extraviado".

USURA Y DESGANO

Al final, todo no es más que una representación: una ligera danza de fervor y lucha. Movemos piezas sin comprender el destino oculto que nos guía. Las máscaras caen; el mito se desvanece. Detrás de la resistencia, el llanto es el punto máximo de cada instante en la mente, en condición semejante al movimiento lento de una astuta trampa.

Interpretamos papeles; trazamos símbolos sin certeza. Sin red ni reglas somos tan efímeros en el destino que, en el vasto juego de torres y peones, no seremos elegidos para dar el ejemplo sagrado del toque de trompeta. Todo no es más que un caos tortuoso, una victoria que a nadie le interesa; pero en el acto del fuego consumiendo Troya vivimos con la esencia del alma examinando la frase del golpe en la espalda.

Pregunta a la reina si tras su silencio el rey podrá restablecer en el tablero su luz egoísta si el cómplice da un respiro, o cambia de lugar y reorganiza la partida.

Pregunta a la dama negra si bajo su manto hay un refugio donde esconderse; si la promesa es verdadera, o si un nuevo mundo debe comenzar a reformarse como Dios lo hizo con el diluvio.

La noche guarda en su caos el misterio de lo eterno, y aunque parezca interminable, siempre caben más

jugadores a la espera, escuchando en voz baja: "Confía en el ciclo eterno, que después de la noche mañana caerán cabezas y carnes devoradas."

No es un simple dolor: es la carne que soporta la piedra que vive en los hornos apagados; alma, testigo de los concilios y heridas, despejados del frío en la memoria. No suprime el canto del Poeta, ni la pasión, ni el susurro de sus promesas; solo pesa la palabra, con su carga de lo inmutable, que a la roca enorme se resiste. Desgasta sus grietas y marcas con el brillo de un maestro. Luego de la partida no busca la ayuda ni el latido en la estatua erguida ante la brizna. Es tan firme la calma que no se rompe ni se rinde en esa jugada sin milagros, ni palabras de consuelo. Al menos la felicidad, cuando eliminen la usura y el desgano, ha de sobrar para los necios.

SÚMMUM

Al final de este diario he dejado las uñas como señales pasadas. Mis testigos son tus senos llenando mi boca con su sabor amargo. Cada trazo es una lágrima elegida para sembrarte cada surco con un suspiro de hierro oxidado.

Un reflejo ácido que se desliza al manantial en tus vértebras, guardo el inquietante sexo erecto, tan breve en intensidad, que al instante rompe el más eterno de los orgasmos.

Chispa elíptica que el recrear abraza, así concluyo estas páginas en silencio en la memoria de tu vagina, donde llevas mis partes tímidas como un secreto sagrado, al rocío del clítoris abundante como un melón recién cortado.

¿Qué más hace falta para alcanzar la presencia de Dios? Estamos perturbados por la ascensión hacia las pálidas ventanas, donde penetra lo íntimo que traza y calla esa luz tan clara como una lágrima frágil. ¿Qué es de cristal? Pero sí, guarda las arcillas y el reflejo de senos en un momento salvador, derviche agnóstico.

Subo silencioso a los ojos y tobillos, al aire de tu vientre murmurante. Con voz suave me pides continuar con la precisión de un asesino en serie, hasta posarme en el borde del ano. Obrador del maleficio, salmo donde encuentro tu melancolía, las pálidas ventanas queman mi

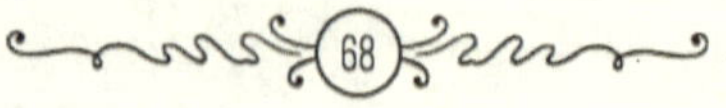

piel, tus mundos interiores; subo sin prisa hacia las goteras de este maldito techo que suavemente nos cae encima.

Para cerrar el ciclo de esta obra, enciendo tu cuerpo con una mecha larga mientras duermes engañada por mi licor. Con palabras de espectro venenoso hurgo los conductos oscuros de tu vida errante, mantas envueltas en sangre de faroles y luces ambiguas, roces conyugales de ti, la voz desagradable cuando eyaculo, donde nadie ve lo que yo vi, tejiendo un lazo entre el ayer y el después. Fantasma errante que encuentra en cada obscena mujer, preparada para un rato, posando desacomodada desde un cuerpo convertido en pieza inseparable.

Sin tiempo para otra ronda, bebo lo incierto de esta noche, con el remordimiento de quien no ama lo que hace por obligación. Lleno de arpegios las perturbaciones miro hacia la verja una vez más, hacia la calle habitual recorrida cada primavera, buscando esa parte profana desde la niñez.

La ciudad renace en la penumbra. Estoy listo para coser las roturas y los mandamientos de mis espectros eriales, esa insana criatura es ciclo que nunca se separa.

ENROQUE

I

Los caballos desbocados llegan a la orilla, al abrevadero, con sus crines salvajes y libres, con el pulso de la tierra reflejado en el agua quieta y densa. Un refugio sereno y breve después de la embestida: los cascos retumban en pedazos de heno; levantan las colas, defecan, y los excrementos fertilizan con hongos el nido del búho. El horizonte se tiñe de naranja mientras cabalgo sin control y sin freno, conociendo los cascos en el tropiezo. Con las piedras suaves y fugitivas galopo en la orilla fragmentada; rompo las secuelas con el machete afilado que corta las ironías. No le digas a otros dónde hemos escondido el tesoro de nuestros dos amuletos, porque para conservar ese secreto resguardamos las provisiones dentro del refugio: donde por las tardes somos hijos del deseo, y que nadie nos vea en movimiento sospechoso, haciendo luxaciones del tramposo miembro, ya sea en una rueda o en el suelo de guano, jugando con miradas de hombres deseados, nos ocultamos sin liberar las ganas reprimidas. El secreto pesa y no puede ser revelado. En el alma hay una carga que muestra la norma y el deseo; pero en el silencio la verdad que ocultamos es distinta y sin respuesta.

No digamos a nadie que estamos atrapados en la trampa silenciosa, en el lazo invisible de una historia no contada.

II

Para terminar el capítulo engañoso con criaturas torpes, nos vestimos con el disfraz de la arrogancia y una máscara cubre nuestro rostro. Con una moneda de oro falso compramos dos boletos antes de que nos acechen, sedientos y voraces, como son los machos que también desean probar lo prohibido... Caminamos entre cañaverales; de rodillas nos prometemos romper las rapiñas y las alas que caen como ecos vacíos. La ingenuidad es nuestra danza: perdidos y envueltos en las redes de un día menos para seguir bípedos, huyendo en la debilidad del tiempo. Somos huéspedes eternos, actores maquillados que fingen ser lo que no son; cerrar la rendija con llave de hielo, mientras la codicia abate con su desprecio este teatro de almas cansadas y círculos cerrados. ¿Quién más sabe dónde aprendimos a quebrantar los códigos? ¿En qué piel marcamos las fisuras? ¿Cómo oculto los senos que han crecido con tus succiones? El peso de mil años me agobia: no es solo un reloj marcando el paso con sus doce campanadas; es un golpe eterno en el Sésamo. Es el disimulo sutil de los torpes, que no dejan de desear ser como yo he sido: profundo, una dulce magnolia de domingo. No

cuentes esta hora ni siquiera los días, que se van un instante para respirar y estar atrapadas, entregando largamente el reverso, con la única torpeza de creerme preparado para orgías con amantes edénicos y curiosos. Nos vamos convirtiendo en sombras sin luz, destinados a la razón, aunque la vida sea mucho más que un simple tic tac, y el cepo del egoísmo nos encierre en la premisa de seguir vivos para compartir cada fragmento dado a los buitres. No seremos otra vez nosotros: ahora somos un péndulo que se entrega al vaivén, con la muerte, a esta infinidad de atrocidades que el efluvio despliega como peones en el tablero.

III

Ustedes no estarán presentes preservando las materias de la vida, ni encerrados en una concha, ni guardando sueños sin abrir. La vida es como arena que cambia y se escapa entre los dedos: no se mantiene dentro de un caparazón ni con un golpe brusco. Las experiencias se desarrollan bajo lo que el día nos deja caer; no se atan, no se queman ni fluyen de manera constante como otras cosas. No existe refugio que contenga la esencia que va y viene: la verdad se vive más allá de cualquier lugar, de cualquier atadura o eje, en las pisadas de mi triste caballo, que se anima a pasar entre los árboles, sumando viejas casas de barrio a un país roto en la memoria. La cáscara seca se arruga lentamente y se acurruca a dormir donde tengo un retrato de papá de hace mucho tiempo, con el torso desnudo y una marca sobre una tetilla. Papá fue dibujado para mí cuando mamá murió devorada por los perros jíbaros. Eso fue lo que quiso ella, al ver a papá desnudo, sin alma, perdido en cada parte de mi piel deshojada por su boca alcohólica. Madre guardó un suspiro, un eco silencioso sin odio, y poco a poco se olvidó de vernos. Y sigo caminando sin prisa por esta cañada desértica, donde no he visto otras criaturas deformes vagar con pasos errantes, alimentándose de la tierra que nos da pena glorificar con huellas que marcan en cada paso revivido el contorno del planeta, compuesto por abundantes esqueletos; donde se mezclan sueños de días adolescentes, cuando cayeron al agua desvaneciendo los huesos; tal vez porque algún vacío detenga esta marcha eterna, negada y renegada al juicio y a las piedras que dejara otro narrador destinado a caminar por mí, por ti: sin nada para llevar al hombro, ni rumbo fijado, donde se esconde mi otro yo fosilizado y errante.

MAURO

El sol se oculta y no logro ver la casa en la que solías vivir. Calles desiertas, el tiempo perdido: la espera es un momento para recordarte, Mauro. El viento arrastra el aroma de baños públicos, de ropa lavada, de lo que ya no está. Y en este rincón amargo, lleno de sorpresas, no encuentro tu rostro; ni surge en mí el deseo de tenerte cerca, ni siquiera en la cama cálida.

Cuando aquello, tu casa se convertía en una jaula de fieras acorraladas, porque la comida nunca alcanzaba para todos. Comían los más agresivos, y tú siempre terminabas sentado en un banco del parque, esperando que yo apareciera entre las columnas para darte algo de dinero y aliviar el frío de esos inviernos tan duros en La Habana.

Tenías la sabiduría que los dioses poseen para la belleza; sin embargo, no podías escapar de la opresión impuesta. A finales de agosto comenzaron a caer las hojas, y los cuervos invadían los árboles del Parque Central. El cielo se tornó ansioso: el verano murió contigo, Mauro, cuando en mi mente ya no regresaste más, tal como acordamos.

Las noches se hicieron largas y no podía conciliar el sueño. Mis ojos se nublaban en las sombras del cuarto,

convertido en un vigilante amateur: mirando fotos en blanco y negro, lanzando palabras al mar por las tardes. Siempre seguía la misma ruta, un eco que gritaba en mi cabeza y que no quería callarse.

Buscaba en callejones periféricos, preguntaba a desconocidos, y solo encontré lo que el tiempo se llevó: nuestros mejores momentos. Comíamos el pan de la bodega, bebiendo té tibio en verano y frío cuando diciembre apagaba los deseos con un pequeño frente traído de tierras que convertían la ansiedad en esperanza; la que algún día, al cruzar el estrecho de la Florida, íbamos a trocar por una vida con menos miseria.

A finales de agosto te recuerdo entre las hojas que caían sin razón, con la promesa de dormir juntos ese sábado. No apareciste; tampoco tuvimos señales para comunicarnos. Esperé mirando cada minuto los balcones de una ciudad que se desmoronaba, igual que mis esperanzas de tocarte de nuevo, de abrazarte en tu tímida excentricidad.

Quizás mañana, o al despertar, la indiferencia me otorgue la fuerza para seguir pensando; pero hoy solo hay silencio: té frío de diciembre, una rueda de pan tostado y el final de una novela titulada "Agosto". Agosto sin ti, cayendo sin explicación —como hojas cerradas por decepciones—tus promesas dormidas en el pasado, y yo aquí, perdiendo el ayer.

Me encuentro a finales de agosto sin recuerdos, pintando el cielo con ansiedad, el verano muerto en mi declaración retórica, repitiendo todo, esperando que regreses. En la calma de la mañana se oye la discusión del vecino con su esposa: él le reclama por un poco de ron que ella tiró por la letrina. Escuché el chasquido de una bofetada, igual a la que me diste cuando me fui con unos amigos y tú te molestaste porque tomé con tanta tranquilidad el tema; luego te prometí no engañarte de nuevo.

Con manos firmes y un futuro lleno de tropiezos se disiparon las ganas de seguir viviendo cada uno en su propio refugio. No temimos al plan que parecía bueno, ni había razones para que apagaras la música en casa ajena. Esperaba vivir un poco más contigo antes de que, guiado por el impulso de otros, te fueras sin avisarme, sin decir cuál era la meta en ese supuesto y divino encuentro con los mercados opulentos; dejando atrás la vida cautiva que llevaste entre el hambre y la miseria de tu hogar.

Cuando el viento sopla y la fe parece disminuir, recuerdo que hay un camino trazado sin errores: un bienestar oculto, un motivo para esperar. Y me aferro a una idea: que un destino borre la eternidad y que, con el fin del tiempo terrible, todo termine con un cambio de estación.

Seamos amantes ingenuos bajo un cielo estrellado y meloso, tan tranquilos, descansando del desamor; desconfiando de las promesas, buscando una paz concedida

en la incertidumbre que suele ser la espera, en reconciliación con tu esqueleto cansado, bajo las celosías del piso.

LIBRO TERCERO DE LO PAGANO

QUIEN SOY

Poco importa mi nombre y mucho menos mi edad.
No he de enumerar la caída del pelo ni decir que encanezco.
Tan sólo una sencilla confesión: no tengo ni un perro acompañante
y tengo cantidades de soledades que regalar
Virgilio Piñera

Mírate entre tanta mierda, en ese círculo infernal, viendo pasar la manía absurda de restablecer exactamente el comienzo de lo que otro dejó como sobra de su vida hueca. Mírate ahí, donde el elixir roza sus puntas y respira los adverbios de la noche. Se te hace dichosa la costumbre; tan difícil el otro lado, el otro... caer en la rutina, perecer en la mueca burlona de la insolente trama que es la astucia.

Rata orillera. Piensa en Vicente, que no está, con su pierna renga por la polio y el bastón, congregando las manchas en el piso. Vicente en viejas imágenes de pósters, carátulas arengadas por los versos de José Ángel Buesa, muerto en el único plano cerrado: en aquella historia donde al final sobraron esperanzas; donde todo lo robado en un ciclo constante de ausencias se agota de dolor y castigo.

En la casa de al lado, María Elena y Víctor no saben que las ratas han creado un escondite. Roen los muebles; no

te dejan dormir tranquilo. La pared es tan delgada que puedes escuchar hasta el más imperceptible de los ruidos.

La tos pesada del niño asmático, a dos cuartos del tuyo, anuncia la entrada de un frente frío. Liduvina, la anciana del piso tres, murió hace un mes de soledad. No pudo despedirse del hijo preso, lejos, en provincia. Tres días estuvo su cuerpo abandonado sobre la cama, destilando líquidos: sangre putrefacta.

Adolfo y Sargentón se fueron sin decir adiós, desde la mugre de sus penosas exigencias. También lo hizo Jorge, el de la tienda reciclada, haciendo planes que no pudo concretar. Otro llegó a ocupar el cuarto con todo terminado.

Vicente, a sus ochenta y ocho años, aseguraba llegar a los ciento veinte. Se lo llevó la última ráfaga de la pandemia. Cuando creíste que aquello había terminado y empezabas a ver el color del agujero más nítido y menos tenso, vinieron más orientales a ocupar las viejas rajaduras.

Se olvidó la pesadilla; irrumpieron bramidos de tinieblas, flashazos recurrentes. Viste cruzar oscuridades y nada parecía posible en una nada eterna, y quisiste que la muerte —única posibilidad— terminara con el animal que despierta otros instintos.

En cualquier momento las cosas y los humanos desaparecen, llevándose el cuerpo desnudo en su mortaja. Al despido de los que van quedando, entre los espectadores

y los rumores asustados, así como tú reviertes cada órgano en un cuerpo material, en un símil replicado, también es tu edificio: mole de cabillas y concreto.

Miasma interior donde pasan cosas: hábitat de pasillos y escaleras; reptan cuerpos, obligados a existir como asco consciente de ser uno de ellos... Aunque no lo sabes —porque te ignoran, pasando a resolver sus vidas—, dentro de los cuartos apuntalados, donde se mueven tus seres parecidos a ellos mismos y a sus máscaras, te prometes ser la ficha regada en un juego de diálogos y discusiones: banda sonora incidental de todas sus nostalgias.

Maridos, mujeres anodinas, otras alegres a su modo de entender lo básico, no pueden dormir porque el apagón infernal irrumpe de súbito. Madres calurosas faenando antes que oscurezca. Niños sudorosos lanzando pelotas en los largos pasillos. Ladrido de perros; ladrido de niñas danzantes al caer la tarde inexorable.

Dejan un rastro de sombras a través de las claraboyas. El vecino embriagado trae chicas malas; le roban el único jabón de olor que tenía para bañarse. Otras veces es feliz a su modo, porque la felicidad es un pan fresco y un poco de bebida para desayunar el tedio de oscuro recinto.

Esculpido por la única luz de un farol amarillento colgando en medio del pasillo, te asomas. Leticia, la travesti, con su nuevo amante, recoge el uniforme de enfermera que ha lavado temprano. Tiene doble turno en el hospital de emergencias. Se desgasta porque el próximo domingo le toca pabellón con su otro amante, preso por algo que no hizo; eso dice ella al cruzarse contigo.

A veces bebe un poco. Se fuma un porro porque la vida en el edificio —sin góticas columnas— se va desmoronando en el ojo voyerista. Porque la Habana que fue luz es todo eso: también la gran mentira de los sueños.

Empedernido en el consuelo, en los que esperan cuando llegue el fluido eléctrico y se pueda caminar sin tropezar con lo absurdo, recreas la vista en los mohos de las cabillas expuestas.

Piensas en todos los que no han de estar para ir llenando de ruido la caja resonante del recinto. Vives en brevedad, en el glosario del recuerdo. Andas de un lado al otro a tientas, sin más aliento que vivir a retazos en la zozobra.

Llegas al piso donde la anciana solitaria, con humores de perros, pelea por las filtraciones de aguas albañales desde el piso de arriba, donde vive el escritor: mundo ausente de los gritos, mostrando impotente que no van a venir los de reforma urbana a resolver asuntos domésticos. Sigues martirizando con palabras la afonía cotidiana de esos seres complicados en una estela de lastrados lamentos.

¿Qué diría el célebre doctor Tomás Romay si viera lo que es hoy el espacio donde nació?

Todo acaba de una vez. Escribes con las rajaduras de tus dedos, llagados por el dolor. Quieres salvar a todos del olvido, de ese mare mágnum asfixiante y tóxico, donde de amanuense haces milagros en cada pasaje que es alucinación de esperas. En ellos se miran los rencores ocultos tras las puertas, y las ratas hambrientas roen la paciencia para cruzar al otro lado, para buscar el manjar apetitoso.

Nada es diferente para uno o para el otro. Simplemente vivir en el mejunje cotidiano suple el saber de que después no habrá un después, en una lágrima de luz. En el ritual sinfónico de la mueca indeseable, del destino sin otoño, otro año se va con los mismos ruidos de la calle: los muelles de las camas, quejidos y orgasmos en el batir del viento contra los interiores vacíos.

Otra vez la luz se hace gritos de alegría; al rato, otra vez la noche. La vela que no está, o la que se apaga con el efecto prematuro de una muerte trágica. El cañonazo de las nueve desde Morro Cabañas anuncia que estás vivo, olvidado en las goteras y el grumo de los miedos al mañana.

A la pregunta juiciosa de qué comerás luego, si no hay sal y el dinero es un duelo con los precios altos, acabas encofrado irrcmcdiablemente en un close up de la cámara indiscreta, majadera, estricta en paneo de la noche; y todo es nada, nada, nada, en esta otra Habana disidente.

CON LA AMNISTÍA DE DIOS

No hace falta jugar a los tropiezos. Tropezar es un acto de justicia incondicionada: la forma que los hombres tienen para sentirse inútiles.

Arrastrar todas las líneas prohibidas les otorga tantas membresías que andan por el mundo llevando sobre el lomo un saco de sal mojada; a veces, todo el marasmo de los veinte mil viajes al enigma del humo.

No saben si, en la transparencia ofuscada por el aire, otra bandada de pájaros con plumas encendidas tonifica la noche de los gritos. Tanto humo no cabe en la caja de los objetos vitales. Van solventando con semillas los collares de los Orishas: negras desnudas hasta la mitad del pudor.

Negros del ébano africano recogen el cogollo, las pailas de melaza para la raspadura. Arde todo sin que pueda hacerse nada: simplemente mirar los ahumados techos de tejas rojas. Los blancos, vestidos de algodón fresco, en carruajes lujosos, en el salvaje horizonte de los cañaverales, ahogados entre barrancos del camino agreste; en los barracones de la Villa Colonial.

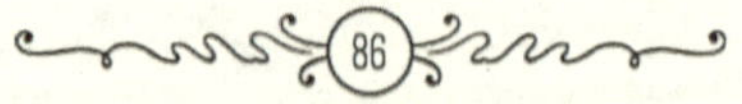

ANGELOTES

Recuerdo los cristales que ensartaba creando collares con hilo transparente. Los iba colocando en el cuello de las turistas; decía: eran amuletos... y ellas le creían. También adornaba sus cabezas con algas y ramas secas. Cubría mi rostro mientras corría por la orilla de la playa. Era tan hábil para jugar con la suerte de otros.

¿Te has marchado?

La ciudad cambia bajo otros cuerpos. Ciudad que nos vio nacer como ladrones del pan y la palabra, perdida en el ejercicio del tiempo, en relojes mudos; sumergida en la noche con cigarros y alcohol.

"Siempre en el alero donde cagan las palomas y los gatos en el patio. Las ratas que no me dejan dormir, que no me dejan concentrar con lo último que aún queda para cerrar el libro".

Interrumpo las cavilaciones. Agarro mi boca: no sé si es una alucinación por el ocio del día o alguna ráfaga de viento acuchillando el poniente en la bahía. Todo ese aire salitroso se cuela por la ventana, enmohece el hierro de las cabillas; explotan las columnas, y por eso los derrumbes, con todo lo que insufla el atoro de quedarse en la calle.

“Estoy en un pantano de aguas muertas con muchos botes anclados. Un crucero sale de la bahía. Es de mal gusto que Cristóbal no haya llegado y son más de las doce”.

En la pantalla del televisor pasan un capítulo viejo de otra novela olvidada: al fondo se ven tres náufragos. Alejandro es uno de ellos. Apago el aparato. Estoy por pegarme un tiro en la carótida. No tengo una pistola.

Llevo tres días sin bañarme desde que tuve sexo con el angelote. Necesito beber. Busco, en los ojos de la rata que me mira desde el cobertor, al muchacho casi niño; al hombre que no logro hallar. Se ha ido a otra dimensión del espacio-tiempo. Se parecía un poco a Cristóbal. Fue falible esperar las pisadas zancudas invadiendo los escalones rotos de las escaleras.

“En cualquier momento se derrumba todo y se acaba este martirio, este sobresalto, y las malditas ganas de acabar de una vez con todo”.

La rata sigue ahí, pero no se va; no se irá nunca, hasta que deje de ser yo en las caducas membresías del terror.

“Cristóbal que no llega”.

¿Y ese desnudo mío, con los vellos rasurando del pubis, sentado al borde de la cama, qué hace colgado como un lienzo en la pared?

Los años vividos en la penumbra del desamor y la duda, creyendo en la marca eterna de mi odiosa mala suerte. Estar atado, por caprichos del destino, a un derrumbe; buscar, entre el lado húmedo del lecho, un sitio menos propenso al delirio insostenible donde, a cada hora, se va dilatando la suerte.

Envejecido por los hierros mohosos de esta ciudad, dedicado a mirar el horizonte con nostalgia. ¿Vale la pena morir en estado fetal de arrogancia, sin el sustento del aire trémulo sobre el calor de una lágrima, en el hilillo prematuro de la soledad cansona?

No es ser adúltero. No es pecar igual a otros en la carne del angelote incomprendido. Dios es vino de arrogancia. Petulante báculo echando fuego a la luz de los candelabros en calenturienta madrugada. Suspirar como una llama que expira en su silencio.

Todo parece una obra de teatro mal montada. Me pregunto: ¿por qué a mí me suceden peores cosas que al diablo inconsecuente de los otros? Maldigo por lo bajo sentado en la letrina, defecando con la absoluta paciencia del culo ensordecido por el hambre de un falo erecto y destripante, hediendo a sudor y a mierda descompuesta.

Embarrado hasta la pantorrilla del excremento fétido del mal de estómago, ¿habrá sido el salmo con que pueda lograr la libertad negada? ¿Ser hombre o mujer? Me da igual formular en la penetración un estado insuflado de tontas preguntas.

Fuera del pentagrama no cabe más que una nota hecha para la salvación del tiempo. Todo parece lindo esta mañana para rescatar del agua pútrida al pez agónico de su último acorde y fiel escuchador de quejas. La mala sombra florece en las paredes, donde los pájaros tiernos de la tarde muestran todos sus encantos: unos brazos de piedras y torsos desnudos.

No puedo hacer otra cosa que mirar los gestos de la flecha y llorar hacia adentro, en la impotencia de no saber por qué soy castigado de un modo tan brutal y constreñido.

Tomando el agua con salvias milagrosas, reposo de nuevo las nalgas en el hueco de la letrina, pujo la masa fétida como si pariera una criatura arrogante o, tal vez, al mismo dios y a un ángel custodio en las cenizas amarillas de la mierda y la orina espumosa.

Seguir con el paso de las dudas alimentando una esperanza. Desear que, al regreso de faenar, al menos me regale una mirada. Nada de lo permisible va a romper las buenas costumbres con amanerados gestos, para hacerle saber que, de todos, él es mi mejor elección y propósito ideal.

Van y regresan con los instrumentos de hierro sobre el hombro y la esbeltez del ocaso torpe, cruzando el parque

entre los arcos y las cuarterías. Ver a prudencial distancia mi angelote semidesnudo, a semejanza de un óleo de Rembrandt.

Puede ser una criatura alucinante en alguna historia épica o de un cuento para dormir la siesta; pero es real, muy verdadero, con los ojos hundidos tras la capucha del abrigo, y la resaca del alcohol aun oliendo desde el estómago vacío.

¿Beben mucho los angelotes de La Habana? A ellos no les importa ser viajeros de prisa. Quisiera llamarle por su nombre, pero me contengo; aunque esta vez va solo, sin otro acompañante que un perro ciego que lo sigue entre la polvareda del adoquinado.

Aprieto los labios y lloro impotente en la sangre que el cuerpo afiebrado puede expulsar. Bañar su rostro cuando lo tengo enfrente.

“Me puedes dar un poco de agua, por favor”.

La voz es un eco desde una cueva profunda, donde los dos estamos desnudos y nos reímos de los murciélagos en las cornisas de la saliva, con el chicle que mastica.

Las bocas humedecidas por la sal derriten un sueño en la miasma del orgasmo a tiempo justo. Jadeando con el placer celestial, divino en cada palabra.

"Puedes darme un poco de agua, por favor".

Reaccionar con pena. Me alejo por un recipiente a la cocina y de la tinaja vierto el agua fresca con un cucharón de larga agarradera.

"Este verano será un horno".

Él bebe un sorbo.

"Fuego encendido, dirás".

Nos reímos. Al pronunciar la palabra "fuego", siento el puntazo penetrante, el glande que, al segundo roce, me cubre la íntima cavidad entre las nalgas. No hay queja porque me duela. Deseo sentirlo parte mía metido hasta el hígado y que duerma junto a las malignas criaturas que me tienen retenido por cobarde.

Las manos rudas agarrando el costillar con tanta fuerza que vomito la flema verdosa del almuerzo. Luego me trilla en las losas del piso hincando, con todas sus fuerzas, la pinga ensangrentada dentro del culo.

Lo que parece carne, no es otra cosa que la culata del tridente convertida en un fálico instrumento de lujuria.

"¡Que entre todo!"

Le suplico como una ondina de luz en la salmuera de la lengua perforando los oídos. Las embestidas tan grandes como un mar desbordado en olas.

"Gracias por el agua".

Se despide con un beso en la mejilla. La sobra del agua que aún queda en el jarrito de aluminio la llevo con cuidado hasta la pecera, para alimentar al pececito muerto.

El pequeño anfibio primero mueve la cola; luego el brillo natural cubre, en destellos, los ojos saltones del Siluro, en un estado de germinación. Si no vuelvo a ver al angelote tampoco me importa. En el fondo de la miseria ruego al cielo perdone las maldiciones y la negación del Dios que he blasfemado.

Los meses de invierno llenan la ciudad de un hedor a pasto seco, a basuras convertidas en reinos de lo eterno. Con el alba despuntando tras los techos, me siento en el balcón a ver si, al subir un poco el día, se calientan las aceras y mi angelote descalzo me regala otra visita.

No regresa... ni el perro ciego a saludar los restos de comida que le dejo en una vasija al borde de la calle. Llevo siglos empotrado en la casa solitaria, sin otra compañía que el pez y un gato negro dormitando en lo alto del alero.

Jugar al desprecio de un huérfano sin nombre ni roce con los vivos, ser uno más de todos los muertos que habitan el cementerio abandonado en las sombras de una ciudad frente a la bahía sin gaviotas, solo con la amnistía del viento resucitando desde la muerte.

Contar cada año en el almanaque, empeñado en ganar dinero para irme de la villa a cualquier otra parte. Soñar con el rato, casi difuso en el recuerdo, del fuerte y sudoroso angelote: mi agrimensor y dueño.

Sin conocer a otro como él que tenga afición por sus iguales. Ser conciliador con quien desahogase en las

tardes calurosas de agosto, porque septiembre tiene ya el mérito de ser un mes sin reparos entre los más sofocantes.

Disipar la polvareda cuando llega la lluvia a regalar el verde ansiado por los techos escombrados. Otear otra vez a los paseantes, pero el humilde angelote no se asoma por el recodo de la calle.

Intentar saber, pero me contengo para no crear dudas y que empeoren las cosas. Recogerme en mi silencio: la mancha de cuerpo pútrido, lleno de escamas como el pez Siluro; atareado en cada orden del día, comiéndome algún bocado, pero inapetente.

Algo grave está por suceder si no tomo un atajo para pensar mejor qué hacer. No vale la pena tomarse tan a pecho el amor de alguien que ni de amor sabe, o no quiere saber. Es crucial ser uno más del grupo para ganarme su confianza y el dinero necesario. El viernes, cuando pasa, salir al malecón vestido de hombre, con botas y polainas, imitando ser bien macho.

Los angelotes me reciben con ciertas reservas, pero con menos agresividad que una vez, cuando quise ser amable y les brindé un poco de bebida que ellos confundieron con una insinuación indecorosa.

"Necesito trabajar", le digo a uno de ellos.

No me da una respuesta, solo afirma moviendo la cabeza, y sigue con su trabajo de puto acompañado de los otros. Por primera vez me siento útil, libre de todo encierro. Soy un tipo igual a los que viven solo para el brindis y los tráficos de cosas.

Aunque la mía está enterrada bajo la ceiba del Templete, necesito que también ellos se sientan orgullosos. Igual los espero junto a la ceiba hueca. No tardan en llegar junto a mí. Parece que para ellos no existo. Ni saludan. Tampoco sienten mi presencia. Están difusos en un cuadro costumbrista de polvosa ambigüedad. Algo anda mal.

Pasan otra vez por mi lado sin que puedan dilucidar cuándo ocurre en sí la escena, o cuándo no es más que una maraña del acto mismo, provocado por las alucinaciones esporádicas de las que padezco. Luego de la fatídica muerte de los pájaros en la plaza, me trenzó el pelo que, copioso, cae en cascada sobre la espalda. Será mejor ignorar que me encuentro junto a ellos.

Con el roce, lo invisible es una suposición para creer que no hay uno presente ocupando el vacío dejado por el otro. Adivinar en mis dudas que el supuesto angelote candoroso no habrá de volver a mirar las sábanas tendidas en mi balcón: muerto de repente y sin ninguna explicación; tendido sobre un banco del parque, junto a la ceiba de mis ruegos.

Escuchar el relato de la gente: “A mí esa muerte me parece extraña”.

Ajustar la pala dando un golpe fuerte contra la arena suelta. Desprotegido de una mano sobre el cabello, llorando mi desconsolada viudez. Acarrear recuerdos para el fuego, convencido de que el diablo omnipresente me la ha puesto tan difícil que es un reto asomarme a los huecos de la noche.

Encerrado entre las mazmorras de un silencio sepulcral, vertiendo agua en una palangana, coloco los pies. Con el alivio recorro las piernas hasta las rodillas: el cuerpo todo en un orden armónico, sin margen para el pensamiento. Pensar en nada es lo mejor.

Descansar en la eternidad de mi propia muerte, en la tarde cuando otro angelote me roba los amuletos con el cabo del tridente, y las campanas de la catedral anuncian que es domingo.

Te recuerdo sentado en el porche, con aquellas alas desteñidas y el pelo regado por la brisa tibia de la tarde. Mirando al sur con la indiferencia de los muertos, aunque parecías tan vivo, tan ausente, tan otro.

Quise tocarte, pero me lo impidió el reflejo tuyo en el espejo oblongo; el temor de tus ojos azules surgiendo en otro rostro. Salí al pasillo, justo cuando colapsó el viejo edificio, y no tuvimos tiempo de escuchar a Nina Simone.

FISGÓN

Soy un pulidor de cristales. Leo la mano. Me siento en cada libro que releo como en mi casa. Soy bebedor de licores dulces y máscaras sin rostro, heladas y distantes, en la frase hecha del disentimiento en mi rostro.

Aquí se anda sin ojos, sin palabras. Ni siquiera vale asediar lo que se quiere. ¡Oh, pena inmunda de ángeles caídos en su fe! Traerlo a ese sarcasmo de promesas: ciudad convertida en anuncio y carteles prohibidos.

Sin dinero en el bolsillo; sin nada con que ganar la plata para el pago de la muerte. Caer en la trampa de olvidar. Volver mañana. No lo haré.

La Habana es como el vicio: una vez probado se te clava en el alma y no te suelta. Parece un juego perverso dentro de una misma historia, y ninguno coincide en la humanidad de las palabras.

Vendiendo el cuerpo —y lo que queda para ofrecer—, artificio de los otros escorpiones, excomulgados del reino. Pudiendo haber vivido de los salmos, cuando Juana, la santera, dijo: "sería incinerado en vida; no en el infierno, como predican los evangelios".

¿Creer en esa mierda? No sé, pero me da temor. A veces la ciudad me tienta a perecer en sus ruinas, en sus cloacas. Tal vez por eso vengo tanto a cazar palomas en la

plaza del convento. Soy más que un pájaro enjaulado: aunque no tenga rejas visibles, estoy dentro, preso de otras conciencias. Otra vez esa luz sobre el rostro. ¿Podré huir de la certeza?

Nada de esto importa si la guasca doliera menos. Seguiré siendo el fisgón detrás del muro, antes del cañonazo de las nueve.

CRISTALES OPALINOS

I

Amón-Ra, dueño de las piedras traslúcidas del templo, de las arenas salobres del desierto; Osiris y tu esposa, hijos de Geb: os invoco en nombre de Seth, que descuartizó tus partes... las que uniera Seth.

Ayúdame a salvar este pedazo de cuerpo que ahora mismo han expulsado del reino y negada el agua salvadora del pecado.

Tan embrutecido estoy yo, único sobreviviente de la tempestad: llévame donde Horus. Necesito la Piedra de Rosetta; en ella están grabados los recuerdos de mis ancestros, ninguno alucinado como yo, aunque alguno bebió de los embalsamados manuscritos de la Esfinge.

He guardado cada piel curtida con celo monacal: concededme el don de las almas; en cambio, te daré las siete maravillas de La Habana. Ya no tengo más dominio sobre mi cuerpo, ni toda la bondad para no negarle al hombre este naufragio.

Me he nombrado anacoreta como Lezama. En el cuello cargo las angustias; en este camafeo de oro y plata, tribulaciones de cinco siglos. Fui desvencijado por la tempestad de los cuchillos, no quiero morir como las otras

golondrinas sin verano, sin el tocado de Moctezuma; como Xochipilli, Príncipe de las Flores, Dios de la alegría.

Soy una simple mariposa que se engalana con la furia de los cristales truncos dentro del cuerpo chamuscado de una Juana de Arco encendida de pies a cabeza.

Sácame del lodo donde la ultratumba —mausoleo del calendario maya— me acoge como diosa. No dejes que este salmo me lleve al infierno: la antigüedad de los nombres que no recuerdo, ni los amantes melindrosos que me condenan.

II

Me hurtaron los ratos de fuego sin dejar espacio para cobijarme de los vientos bajo las piedras. ¿Cómo llegar al tuétano de la semilla, a las promesas que hice al hombre destinado por un rato frente a la alberca?

No quedaron en otros mis reclamos: sí los pasos aplastados y toda conveniencia, entre ellos y los otros. Muchas veces me reducen a la pasividad de unos muslos. Sacrificado, sin dudas, al hambre patética del miedo. Torpedeado en otras ansias: puesta a mi generación, a los muertos que me han antecedido.

Vándalo e indispuesto amante de dos rostros —uno de frente y el otro usurpando—, me confieso culpable

después del miedo. Si no era ese día, sería uno con lluvia, cuando cayera en la cáscara el almíbar viscoso de mi alma; navegando en el inconsciente de la erótica burbuja.

Soy un hipotético duende de los harapos, de los desnudos, de las vísceras transparentes. Soy el hilo que quiebra el hueco de la noche: lo sé. En la oscuridad todos los pájaros son prietos. Salto en pedazos, marcando la ruta en perfilado vuelo y cristales de colores: esfumato del reflejo desdeñoso en el atardecer.

Luego la noche es un pictograma de permiso para habitarla. La ciudad no es el reino aparente de las postales: es la tundra del espejo amanecer; silueta hermosa de esfinge endemoniada; cráteres de sueños llevándose el cuerpo ensangrentado de la zozobra en una neblina gris. No así mis objetos dispersos, de mariposas negras ocultas como recuerdo de la muerte.

Ninguno derramó una lágrima por el cadáver de mi cuerpo desvirgado. Entre espinas volaron, huyendo, injuriosas a las preguntas de presunto juicio en plaza pública.

Ninguna vio ni supo nada. Le aterraba el miedo al color azul del cuervo. Con las alas sudando de angustias, se miraban presas de dibujos grotescos sobre las paredes, penes enormes pidiendo otros túneles donde lastrar el jadeo de una buena eyaculada.

De un color casi asfixiante, los raros nombres de asesinos prófugos: sin rumbo, sin miedo a la justicia de la

vida. Signos de cuchillas oxidadas. Nombres del paraíso y carne flagelada. Cosas que luego se iban acoplando al revés de los puntazos.

Allí estuvo grabado el nombre de la muerta.

"¡Hola, soy La Habana, necesito que amanezca!".

III

De gélida piel, atribulado arquero: dígame dónde hallar el cristal de amianto. El mar saboteado por la tempestad trae el grumo de todas las piezas coloridas. La resaca expulsa los fragmentos con sus bordes esmerilados. Los peces oriundos de las algas lamen las heridas del cristal, con hechizo, siempre al triscar contra el arrecife.

Disfrazados de buitres entran al templo donde los querubines reconocen a Dios. Susurran en su oído que al padre del silencio le han excomulgado, después del jolgorio en la Plaza. Le cuentan que muy pronto traerán otro desgarro a las paredes.

Los húmedos manantiales fulguran al mediodía sobre la impudicia del cuerpo, y las llamas atroces se alzan majestuosas, provocando un desorden nuevamente junto a la Plaza.

Vergonzosa ordalía, unida en desaliento a mis recias visiones del polvo en las cofradías. Me marcho con la

cabeza queda y las manos cruzadas sobre el pecho. Desde los corredores, los vecinos van colgando sus adornos festivos.

En el crepúsculo se encuentra el Arca: los tragos amargos y la condenación obligada a beber el agua sucia de las fuentes. Barcos prohibidos en el puerto de Carenas; ruta olvidada hacia La Habana sin embarcadero. Ancestrales navíos entre los harapos de una playa sin costa, inventada nada más que como señuelo.

Cristal azul de lentejuelas hacia la Plaza de los Capitanes Generales. Paseantes despreocupados sobre un fondo de nubes y gaviotas, en esta última subasta de un óleo de La Habana, frente a las aguas muertas de la bahía.

RASTROJOS

Cuando cierro los ojos muero en el humo del cigarro. En la inmunidad de la tristeza, pasándome los dedos por el pelo, voy guardando astillas de recuerdos. En otra parte del tiempo, los espacios recrean la escena de un juego prohibido: de una casa habitada por espacios vacíos.

La voz del otro en mi oído, como si viniera del óleo, en el cuerpo cayéndome a pedazos, con labios salvados de la tristeza. Qué irónico celaje de mar hay en mis ojos. Esa luz amarga, sombra de mi piel, como la madera sin pulir del encofrado.

No comprendo cómo ese inocente gorrión busca terminar encerrado en la codicia de un alero. Ha pasado un siglo sin la pregunta amarga; sin disponer del tiempo necesario para haberme dado a escoger.

No lo hice por torpeza de otro; me insultan con palabras imperdonables. Revivo mis orgasmos de crueles gaviotas en los ojos de un amante. Me muevo: entro al puerto de la ciudad intramuros.

Del imperio desconocido, indigesto de hechos y carencias; en la mentira repetida tantas veces, en el plan fatídico; en sabiduría de travestida inmaculada, agarrando el fierro para golpear en la cabeza al minotauro que me acecha.

Endemoniada contra el mundo al que creo un enemigo, lío las partes; luego, una a una, las llevo al sitio del enterramiento. Me pongo de rodillas a implorar justicia. Se hace tarde para remendar las farolas y luciérnagas opacas.

Confundo la ruta al reino de bestias cercenadas por la hambruna. No seré el mismo y dócil equinodermo. La ciudad hace estragos: su masa laudatoria, los muertos, el desaliño. Alguien golpea la puerta con el martillo de rastrojos.

CONFESIÓN

Me encuentro en la torre del faro, vigilante entre sombras y silencio, mientras abajo La Habana, como un espectro, está cubierta por un manto de oscuridad total.

Calles en calma, susurros apagados; luces sumidas en un sueño profundo. El aire hiriente del mar difumina las antiguas paredes de los vetustos edificios. Memorias que no alcanzan hacia el malecón. En silencio, tanta complicidad: eclipse en la noche; vigilia; torre de luz girando en el eje del Morro.

La Habana descansa envuelta en sombra y neblina: caduca, decepcionada en los cantos gregorianos; en la venus lesionada por el pláceme de joder todo; sesgada al erial fungido; ciudad hundida en sus desgracias, entre fétidos basureros, en la indiferencia de quienes te olvidan y te sepultan.

Calles rotas despiertan cerradas hendiduras; rostros apagados bajo el gris del tiempo; muros caídos contando historias mudas; gritos ahogados en el ruido de los asaltos y feminicidios. Olvidada en rincones de polvo y derrumbes.

Esperanza sin esperanza; resistencia caminadora sin saber por qué se busca algo desconocido, que no encuentra. Eco roto de indiferencia, aún en ese abandono de

ciudad dormida, con pulso débil, persistiendo; porque incluso en la miseria vivir en ti, ciudad ruinosa, tiene un misterio inmenso de mujer fetiche. Esta otra es glíptica: atrapa; a veces se vuelve incansable, cuando alguien más tiene que salvarte.

Habana mía, de otros naufragios y sueños perdidos, en olas que se rompen con furia en estas costas; de siglos, extinguida en la memoria abierta: lastre de los barcos que llegan o se llevan oliendo a esteros y manglares.

Puerto donde las tormentas guardan a los barcos varados, monumento silencioso de unas almas sin refugio; territorio caótico donde nunca termina de empezar la agonía, y la esperanza tejida en otra Habana invisible, subterránea, donde solo tú sabes sanar las heridas que el tiempo de las noches va criando con ausencia: el vacío de tus calles.

Ese fuego tenue que todavía no se apaga con las lluvias, porque a otros solo les importa la sombra de tus raíces podridas: para hacerte astillas, hoguera con que calentar el frío de sus almas.

Alguien más debe salvarte, Habana mía; pero vienes siendo evasión y hundimiento, eterna confidente de otros desentierros. Hinchazón dolorosa, naufragio en tu bahía sin gaviotas. En la ardiente Habana soy un hombre desnudo en su bulevar, bajo el sol acariciando los toldos: sin ropa, sin peso, sin nada que aguarde mis ojos perdidos.

El viento dibuja el polvo en los aleros, y del mar llega un aroma a sal que llena la densa niebla. Las viejas calles embarradas por los aparatos de música en los balcones. Cantan las mujeres en las casas, con el alma ligera de sus felicidades aparentes; con trapos al azar colgados, mezclando la espuma con el pulso del día en mil pasiones.

En las esquinas reunidos: el vendedor de helados con la mujer vendiendo maní tostado; la prostituta luchándose el cigarro de marihuana; el proxeneta duro con pistola de juguete; los hombres vestidos de mujer entre risas y carcajadas, cazando viejos aburridos. Otras sombras vendiendo fentanilo a los jóvenes del barrio. Y el calor, y yo: un hombre solo, sin nada vivido, esencia del sueño americano igual que ellos.

Este tiempo que el recuerdo trae es un instante absurdo de frustración embriagadora. No se revive al moribundo que nadie quiere salvar.

Quienes pueden cargan con sus recuerdos atrás, donde el ser está atado por la indiferencia y la apatía. Reinan las cadenas; el bulevar vivo de La Habana se pudre en las imágenes y fotografías antiguas.

Sin nadie, me entrego al destino, navegando sin barco en un mar incierto, donde las olas arrastran fragmentos disueltos en una estampita de la Virgen, regalo de la abuela ciega. Antes de cruzar el mar de los reveses, sin prórroga confirmada, en cada instante, y en mi desafío

por ganar esa partida al destino, cada promesa que hago se incumple; abrigado por el horizonte, si la esperanza flota en una barcaza segura. Avanzo sin certezas ni anclas; abrazo el riesgo incesante, porque al entregarme al destino concatenado encuentro la esencia misma de mi libertad en una parábola típica de veniales connubios.

Hasta aquí, todo está tranquilo: las sombras no cambian, el viento susurra sin miedo, y el tiempo parece detenido.

Hasta aquí, la noche es calma; las luces parpadean sin fallar; el silencio se sostiene en su falta de fijeza, como un puente que invita a cruzar. Más allá no sé qué hay: lo desconozco. Empiezo a ver, y aquí, justo aquí, decido quedarme, donde todo está bien, sin dudas.

Si hasta ayer era un mendigo en los portales oscuros de la calle Reina, donde la maldad de los transeúntes rompe mi descanso y la esperanza a menudo se reprime como una mordida congelada, cruel, exhalando mis desgracias; en cada ruina guarda la prisión de un anillo negro de grilletes, marcado por el desasosiego de un hombre sin embustes.

Hoy, en la mañana, una taza de café caliente; un camino para correr. La luz se cuela por los cristales del elegante apartamento frente a Miami Beach y disipa el tormento de antes.

Ya no soy sombra ni vacío: renazco lentamente, sin desánimo. A pesar de que las cosas puedan parecer vida, sin embargo me falta lo que busco dentro de este reino de concreto y cristales. Es el hedor de despertar convertido en una rata de vertedero y saber que aún estoy pegado al dolor en lo sencillo; y eso me da fuerzas para llegar a fin de mes, comiendo un pan viejo con cualquier cosa.

Hasta aquí llegan los restos de mis dedos hechos tinta: trazos perdidos en el miedo a la muerte, a la palabra incómoda que se disuelve en una bronca callejera.

Cada letra es una herida: morir callado en un fragmento de una ciudad que se desvanece en el eco de momentos ya pasados, en papeles guardados para recordar. Cuando en el hueco silencioso de la ausencia se mezcla con la presencia del cañonazo de las nueve, hermosas luces sobre los escombros: que mis dedos no rinden, se reducen a cenizas de dilema y olvido, envuelto en este último esfuerzo por reconstruir los restos de mi única torpeza.

Jorge Luis Betancourt Batista es un escritor y artista visual cubano nacido en 1964 en Banes, provincia de Holguín, Cuba. Se graduó en artes visuales y ha combinado la creación literaria con la pintura.

Su obra abarca poesía, narrativa y dramaturgia, con títulos como *Hipotético duende de los harapos* (1985), *Eróticos* (1993), *Las leyes del deseo* (1993), el poemario *Un animal de triste apariencia* (Argentina, 2021) y *Lo que trajo la resaca* (Chile, 2021). Betancourt es un fuerte crítico de los problemas que afectan a las clases marginales en Cuba, lo que dificulta que editoriales locales se interesen en su obra. Fiel seguidor de autores como Reinaldo Arenas y Pedro Juan Gutiérrez, está muy vinculado al mundo subterráneo de una Habana oculta, ciudad desde la cual sigue escribiendo y creando.

COLECCIÓN
POÉTICA
BRIGHTSTARS
PUBLISHING & MEDIA

www.ingramcontent.com/pod-product-compliance
Lightning Source LLC
LaVergne TN
LVHW051012080826
845145LV00009B/2581

* 9 7 8 1 9 6 8 8 7 8 0 7 8 *